잡사음집(雜思吟集)·2

지성·감성의 메타언어
조선문학사시인선.916

잡사음집(雜思吟集)·2

박 진 환 제472시집

조선문학사

■ 책머리에_시인의 말

잡사에 언어의 세례로 봉사하고 싶어

　『잡사음집(雜思吟集)』은 앞서 출간한 시집 『잡사운기(雜思韻記)』의 후속편쯤이 된다. 살아가면서 체험하고, 떠올리고, 생각해보는 여러 사념들 중 시로 형상화했으면 싶은 것들을 골라 나름으로 읊어본 것들이다.
　여러 자질구레한 일들이 잡사(雜事)이듯이, 여러 구질구질한 생각들을 잡사(雜思)로 불러줄 수 있다고 여겨졌고, 그런 생각들을 읊어본 것이 시집 타이틀로 제시된 '잡사음집'쯤이 된다.
　살다 보면 여러 가지 일들을 당하게도 되고, 떠올리게도 된다. 그럴 때마다 시감이 되어줄 수 있다고 여겨진 것들을 그때그때 나름으로 형상해본 셈인데 어떤 것은 쓸 만한 것으로 태어나기도 하고, 어떤 것은 말 그대로 잡사를 못 면한 것들도 많다.
　공자가 시 정신으로 제자들에게 가르쳤던 사무사(思無邪)와는 격이 다르다. '나쁜 일'이란 사(邪)됨을 생각함이 없는 것보다 사됨이 더 많은 생각과 함께 살아왔기 때문이다 사됨이 없는 생각으로 시 정신을 삼았으면 좋았을 걸 그 반대의 것들을 통해 사됨을 제기함으로써 개선에 이바지하고자 한 나름의 시작 지향 때문이었다.

 생각한다는 것을 달리 산다는 것으로 바꾸어 볼 수 있지 않을까. 이 점에서 보면 '잡사음'은 삶의 기록일 수 있고, 삶을 음했음이 될 것으로 본다. 나름으로 삶에의 충실이고 싶었고, 삶에의 충실과 함께 시법에의 충실도 염두에 두었으나 실제에는 미치지 못한 것 같다.

 아직 여지를 남겨두고 싶다. 앞으로 할 일이 더 남아있는 소이이고 소이로 해서 잡사에 언어의 세례로 봉사하고 싶다.

 끝으로 시의 편수가 넘쳐 『잡사음집·1, 2』로 나누었음을 밝혀둔다.

2024 盛夏

저자 씀

잡사음집(雜思吟集)·2 차례

책머리에_시인의 말 / 5

가정(家庭) / 11
각각각 / 12
같이함의 근본 / 14
거울 / 15
경구 / 16
관산기(觀山記) / 18
귀가길 / 19
그늘의 계절 / 20
근원 회귀 / 22
꼴사납다 / 23
꿈 / 24
나는 싫어한다 / 26
눈 오는 날에 / 28
달리 또 있겠는가 / 30
덕치(德治)로 이어지는 것을 / 32
도로(徒勞)와 교차할 줄이야 / 34

드라세나(Dracana) / 36
땀론 / 38
마음도 철이 드는가 보다 / 40
묘지의 노래 / 42
무심과 유심 / 43
무악재·1 / 44
무악재·2 / 46
무위 즉 인위의 스승됨이다 / 48
문망(蚊䗈) 전쟁 / 50
물음과 답 / 52
?가 답 / 54
바다 / 56
발치(拔齒) 유감 / 57
배우고 깨우치며 산다 / 58
번역이나 통역을 할 뿐 / 60
법이란 게 / 62
비위난정까지 / 64
비타민 A, B, C가 / 66
빛 / 67
사는 일 / 68
삶을 배운다·1 / 70

삶을 배운다 · 2 / 72
삶이란 무엇인가? / 74
삶이란 ?표 답이 없는 / 76
새로 TV를 설치했다 / 78
생이란? / 79
생즉? / 80
설날 / 82
스승이 없는 시대인 것을 / 84
시(詩)를 위해 / 86
시비(詩碑) / 88
씁쓸한 날의 하오 / 89
영원한 불간지서(不刊之書) / 90
우계(雨季) / 92
음덕 · 양보의 불이(不二) / 93
이미 오래여서 / 94
아치에서 일치됨을 배운다 / 96
일당을 챙기지 못한 날 / 97
인(因)과 이치(理致) / 98
자연의 법도 / 100
자연의 한 페이지인 공원 / 102
장맛비 / 104

절창 / 106
절후 유감 / 108
존재란? / 110
진관사에서 · 1 / 112
진관사에서 · 2 / 113
진관사에서 · 3 / 114
짐승의 시대가 되어버린 소이 / 116
초하 공원 소묘 · 1 / 118
초하 공원 소묘 · 2 / 120
풍료법(風療法) / 121
피가 도는 탑 / 122
탓에의 도전인 삶이고 싶다 / 123
하오의 공원에서 · 1 / 124
하오의 공원에서 · 2 / 126
하일 공원 소묘 / 127
행 · 불행이 보인다 / 128
현역이라 할 수 있을지 / 129
호접란 / 130
홍제천 나들이 / 131
홍제천 소묘 / 132

가정(家庭)

가정은 사랑의 경작지
행복이란 풍요를 수확하기 위해
터를 일궈 가꾸는 경작지다
부부는 사랑이란 이름의 농부
자식들은 심어 기르는 싹들, 심고 가꾸고
터전을 넓히며 하루치의 행복도 함께 경작한다

임금이든 백성이든 자기 가정에서 평화를
찾는 자가 가장 행복한 인간이라 했던가
평화론 가정엔 행복도 제발로 찾아온다던가
가정이 행복의 본적지란 뜻이니
만복의 근원지가 가정이란 뜻 아니겠는가
가정이 행복의 경작지인 소이와 함께

가정을 지상의 낙원이라 한 소이 또한
행복의 경작지란 뜻 아닐지
경작해 행복의 보금자리를 만든다는 뜻과 함께
사랑의 경작지인 가정
사랑의 농부인 부부, 가정이
사랑의 씨앗인 가족들의 낙원인 소이다

각각각

경칩 지났으니 개구리들 눈 떴겠다
눈 떴으니 각각각(閣閣閣) 소리내어 울겠다
개구리를 각각이라 한 소이 아시는가

먼저 각각이부터 풀어보세
각(閣)이란 게 누(樓)도 되고 층(層)도 되고
서(署)도 되지
개구리 집이 우물 아니던가
개구리란 놈들 제가 사는 우물이
누각도 되고 층층집도 관공서도 되는 줄 알아
일테면 우물을 큰 세상으로 안 게지

해서 하는 말이
'우물 안 개구리' 안 하던가
각각각
그렇다네
우물 밖 세상 누각 천지
누각이 곧 APT인 게야
관공서가 이를 지배하고

각각각 그렇다네
어이쿠 똑똑해라 각각각
우물 안 개구리가 아니라고 각각각

같이함의 근본

초하인데 수림들 낙법연습이라도 하듯
고엽들을 떨군다
무심으로 보면 한 잎 말라버린 영혼이지만
유심으로 보면 한 잎의 종언 또 한 잎을
태어나게 하기 위한 자연의 법도 좇음이다

당초 순차를 부여받아 먼저 돋아났던 연고로
순차 좇아 먼저 떨어뜨리는 낙법연습 아닌
순리를 좇는 자연의 질서
인간의 질서도 다르지 않은 것이
먼저 태어나고 먼저 돌아감이 그러하지 않던가

생자필멸 인간의 법도도 다르지 않은 것은
무위의 질서와 다르지 않기 때문이다
생성소멸의 법칙을
무위와 인위가
근본을 같이 하고 있음이 그러하지 않던가

거울

이인위경(以人爲鏡)이라 했던가
사람으로서 거울을 삼는다 함이니
훌륭한 품행을 지닌 사람을 본받는다 함이다

사람만이 아닌 술도 거울 구실을 한다
술로 마음을 읽어 비춘다 함이니
술에 따라 표정을 달리하는 마음 때문이다

술뿐인가
언행도 거울 몫을 담당한다
말과 행동의 예절을 비춰 담아내기 때문

정신적 높이로서의 선과
낮음으로서의 악의 양면을 드러내는
거울이 되어주기도 한다

사람은 누구나 마음속에 거울을 지니고 산다
그 거울에는 스스로의 모습이 개로
비춰지기도 하고 도깨비로 나타나기도 한다

경구

자랑 내세우는 자리에는
나서지 말고
베풀어 나누는 이타의 자리에는
뒤로 숨지 말고
옳다고 말해야 할 자리에는
침묵하지 말고
그르다고 지적해야 할 자리에는
물러서지 말 일이다

외면해선 안 될 일엔
나서야 하고
들어서서는 안 될 곳에서는
돌아설 줄 알아야 하고
보아서는 안 될 것을
보지 않음과 같이 하고
꼭 보아야 할 것에는
감았던 눈도 떠야 할 일이다

말고 말고 말고 말 일이
하고 하고 하고 할 일이

어찌 이것 뿐이던가마는
이런 범사 만에라도
충실했으면 싶어서

관산기(觀山記)

수해(樹海)의 깊이는
산의 높이와 같았다
높이로 깊이를 재는 소이다

높이와 높이가 맞물리고
이마와 이마를 맞대고 키재기 하는 노도는
산 자체가 거대한 파도였다

한사코 뻐꾸기가 두레박질로
물을 퍼냈으나 퍼낼수록 수량은 배가 되는
역리의 바다가 수해였다

푸르다 못해 먹빛이 된 파도를
종일 토해내고 게워냈으나
오염은 고사하고 되레 순수의 순도가 배가 됐다

범람하는 파도에도 익사했다거나
수장 소식은 없었고 되레 이름값을 하려는지
수해(樹海)의 수해(水害) 소식은 전무였다

귀가길

한아 몇 마리가
산그늘에 먹물을 토해냈다
발걸음 재촉하던 하루가
먹물로 발자국을 찍고 지나갔다

벌겋게 달아올랐던 인왕봉이
복면을 뒤집어쓰고
안산자락엔 어둠이 보자기를 펼쳤다
공원이 보쌈당한 시간이 그 무렵쯤이었다

앰뷸런스 경적음이 어둠을 밀어올리며
무악재를 질주했으나 사건관 무관했고
어둠을 발길질하며 넘어가던 낙조는
느릿느릿 고개를 걸어 넘었다

그림자도 없이 고개를 넘던
재촉해 내딛던 발걸음이
그림자와 함께 모습을 드러낸 것은
무악재역 4번 출구 가로등 밑이었다

그늘의 계절

그늘을 벗하는 한가한 계절이다
온갖 잡사(雜思)와 잡사(雜事) 버리고
지님이 없이 비워야 누릴 수 있는 여유
한가는 비움으로써 충만을 벗할 수 있는
휴식이다

휴식이란 단순한 완대(緩帶)가 아니다
일한 자만이 맛보는 기쁨이며
노동만이 체험하게 하는 휴식이고
다시 일을 하기 위한 에너지를
충전하기 위한 잠정적 휴식이다

게으른 자는 체험할 수 없는
부지런히 일한 자만이 맛볼 수 있는 달콤함이고
감미로움, 소이로 해서
근로가 격렬하면 할수록
그 기쁨은 배가하는 대가다

전투 없이 승리 없듯이
노동 없이 휴식에 도달하는 일은 없다

단 경계해야 할 불문율도 있다
휴식이 길면 곰팡이, 피로, 권태가 끼어든다
휴식의 경전 불문율 행간의 진실 읽을 줄 알아야

※ 완대(緩帶) : 허리띠를 풀어 늦추어 맨다 함이니 마음을 풀어놓고 편히 쉰다는 한서(漢書)에 나오는 말이다.

근원 회귀

설산(雪山) 설목(雪木) 설화(雪花)
피가 돌아 사람은 설인(雪人) 못 되지만
때 묻지 않은 저 순수에의 회귀
설심(雪心)으론 돌아갈 수 있지 않을까

설심
피 한 방울도 색깔로는 물들일 수 없는
순수 무위의 근본이거나 본질인
물들지 않은 원초의 근원으론 돌아갈 수 있을까

문명의 페인팅으로 변질된 외양은 버리고
물들지 않는 순수에의 귀향으로
자연의 본질에 가 닿을 수는 없을까
가 닿아 무위의 순수 자체는 될 수 없을까

설산 · 설목 · 설화를 마주하고 서서
지워지지 않는 문명의 얼룩을 닦아보며
순수에의 환원
근본에의 회귀를 생각해 본다

꼴사납다

상록수를 제한 공원의 수림들은
나목이다
그중 족보도 없는 단풍나무 몇 그루가
누런 남루를 뒤집어쓰고
지난가을 단풍 구실을 못한 부끄럼을
떨쳐버리지 못한 채 꼴불견으로 서 있다

떡갈나무가 누런 잎들을 황금 훈장이라도 된 듯
주렁주렁 매달고 봄에도 가을을
고집하는 꼴과 흡사하다
단풍도 당단풍쯤 돼야 족보 구실도 단풍 구실도
낙엽 구실도 겸하는데 아직 저 꼴이라니
딱하다 못해 눈에 거슬린다

꽃나무면 꽃다이 피어 꽃구실 하고
압각수면 압각수답게 단풍·낙엽 구실해야
나무도 잡목 선목 덕목 악목 있어 족보 따지듯
단풍나무도 당단풍이 상단풍
족보도 없는 것들은 저 남루에
상기(常氣)까지 번져 꼴사납다

꿈

간밤 꿈에 내자는 특유의 고집으로
정을 떨어지게 했다
입버릇처럼 그립다느니, 외롭다느니를 뇌었더니
측은해 보였던지 아니면
정을 끊어 정신을 차리게 할 요량 아니었을지

하늘과 땅 사이 직통이 될 수 없으니
꿈으로 말을 했을 수도
내가 영통의 언어 침묵으로 말을 하듯
꿈은 현실과 반대라 했던가
그렇다면 사랑하고 있다는 뜻일 터

현몽이건 영통이건
꿈이란 게 꾸고 싶다고 꾸고
꾸지 않겠다고 해서 피할 수 있는 것이던가
해몽을 잘해야지
현실로 이루어지길 바라서야 그게 꿈이지

궂은 꿈은 역시 하루쯤 꺼림칙하다
좋은 꿈이라고 신명나 이루어진 일 있던가

꿈은 깨라고 있는 것 아닐지
바람 있어 소망사고로 지니고 살면
꿈으로 나타나는 것을

나는 싫어한다

시를 많이 썼다고
잘 썼다고 자랑해본 적 없다
알아주지 않는다고
칭찬해주지 않는다고 탓해본 적 없다

데뷔 소감에 신문사 편집자가 붙여준
'생리에서 오는 것'이란 말에 동의할 뿐이다
많이 쓰려고 잉크에 물 타 쓴 적 없고
칭찬받기 위해 독자를 의식해 쓴 적도 없다

시인들이란 자랑 좋아하고
칭찬 좋아하는 속성을 공유한 것 같다
헌데 속성(屬性)이었으면 좋을 것을
속성(俗性)일 듯싶어 유감이다

시법도 없이, 레토릭도 없이
쓰는 시를 나는 좋아하지 않는다
좋아할 조건은 그만 두고라도
좋아할 여건 충족이 되어주지 못해서다

타성으로 쓴 시도 시는 시다
시법, 레토릭 없이 쓴 시도 시다 헌데 시시하다
시시한 시를 써놓고 좋아 죽겠다는
속성(俗性)을 나는 싫어한다

눈 오는 날에

땡그렁 땡그렁 종소리
원심력으로 울려 퍼지는 메아리가
오선지가 됩니다
때맞춰 내리는 눈이 음표가 되어
보표를 그립니다

징글벨 징글벨
크리스마스 캐롤이 온 세상에
따뜻하게 울려 퍼집니다
루돌프 사슴 코는 하얀 종소리가
가슴 아프게 황금 띠가 되어 감깁니다

평화의 은총과 축복과 안녕과
메시지로 울려 퍼져 감기는
땡그렁 땡그렁
하얀 눈송이가 음표가 되어
가슴과 가슴에 하얀 꽃으로 피어납니다

가슴과 가슴을 잇는
종소리에 맞춰 손과 손을 잡습니다

화해와 공존과 번영과 행복
세계의 기원들이 하나로 손을 모읍니다
모은 손에 소복소복 축복이 내립니다

달리 또 있겠는가

철들어 갈수록
말수가 적어진다
"고마웠다"
"미안하다" 아니면
더러 "그립다"도

하고 싶은 말 삼키며
철들어 가는 모양이다
세상에서 가장 아름다운 말은
"사랑한다"
다른 말들은 "사랑한다"의 부연일 듯

상대가 없어 침묵하는 것이 아니라
철들면서 말을 삼감이 침묵일 듯
삼감이 조신함 아니던가
"고마웠다" "미안했다"는 많이 할수록
덕에 값하는 덕담

덕담에 "그립다"는 말 끼워 넣으면
정스러워 덕담에 값하기도

고마움 미안함 지니고 살면서
그리움 곁들인다면
더 좋은 말 달리 또 있겠는가

덕치(德治)로 이어지는 것을

자사절(子四絶) 했기에
뛰어난 경관이거나 절세미인가 했더니
아니었어
억측 않기, 집착 않기, 고루하지 않기
스스로 주장 않기 등을 두고 한 말이었데

끊어냈으면 필시
이어내야 할 덕목을 위한
톱질 아니었을지
떠오르는 것이 절단보단이데만
맞는지는 모르겠어

마음에 지녀서는 안 될 것들
잘라낼 줄 알고
이어야할 것 이어줄 줄 알면
그게 인(仁)이거나
덕(德) 아닐까

세상엔 지녀서는 안 될 악의 가지들이
스크랩을 짜고 설치는 판, 잘라내야 할

악의 가지 사형제가 사절(四絶) 아닐지
사절까진 못해도 사절(謝絶)쯤은 지녀야
그게 덕성이고 덕행이고 덕치로 이어지는 것을

도로(徒勞)와 교차할 줄이야

보람으로 알고
쓰며 즐기고 즐기며 썼던 것들이
부질없고 별 볼일 없는
도로(徒勞)의 허무같다

이백(李白)이 노래했던가
인생은 한갓 허무한 꿈과 같은
부생약몽(浮生若夢)이라고
허사 아닐 듯

이 세상 행복이란 무엇인가
그림자에 지나지 않는다
명성이란 무엇인가
꿈에 지나지 않는다도 허사 아닐 듯

허무와 싸우는 생명
허무 속에 타는 불
영원히 싸우는 자유스런 의지
태우면 연소되어 허무 면할 수 있던가

외길 인생 마다않고
쉬임없이 뚜벅뚜벅 걸어온
도로(徒路)가
도로(徒勞)와 교차할 줄이야

드라세나(Dracana)

아침에 피고
저녁에 지는 꽃과는 달리
밤에 피었다가 아침에 지는
용설란과의 꽃 드라세나

우연히 옆에 한 의자 덕에
피고 지는 소이
궁금해 생각해 본다
어찌하여 밤에 피고 아침에 질까?

들켜서는 안 될
흠이라도 있는 것일까
밤에만 화장을 한 모계 혈통을
닮아서였을까

아니면 이름이 드라세나여서
드라큘라 연상할까봐 기피한 걸까
그도 아니면 숨어 피어야 할
소이 따로 있을까

밤에 핀 박꽃 없는 건 아니지만
밤에 피었다 아침에 지는 소이
꽃 대신 궁금증이
꽃으로 핀다 드라세나

땀론

여름 초입부터 열대야
올여름 더울 것이라느니
어쩔 것이라느니 걱정들이던데
열대야면 연옥(煉獄) 아니던가
무슨 선한 일을 했다고 천당 바라기하며
연옥타령인지 염치들이 국제급이다

소싯적 선생님 말씀
'부채는 부지런한 이의 벗'이란
한가나 벗하며 시원하고자 한
부채의 이미지를
땀 흘린 이만이 땀을 식히기 위해
부채가 필요하다는 논리였다

땀과 행복을 동일시했던데
땀만이 행복에 값할 수 있다 했던데
땀을 걱정하고 연옥을 기피하고자 하다니
여름에 땀 흘리지 않고
가을에 거둘 것인들 있던가, 허긴
빵빵한 에어컨에 땀의 의미 녹아버린 지 오래

수확의 기쁨은 흘린 땀에 정비례한다 했던가
인간은 그가 흘린 땀으로써 행복할 수 있는데
땀 흘리길 몹시 아낀다 했던가
덕 그늘로 깔아주면 선목유음(善木有蔭)
덕이 땡볕 거둬가는 삽상한 바람인 것을

마음도 철이 드는가 보다

잡지 마무리란 게
버리기엔 아깝고
보관하자니 귀찮고 쓸모 또한 없다
과감히 버리기로 한다

그간 소유하고 있었으니
버릴 줄도 알아야
버려야 채울 수도
채우면 버릴 수도 있음이 아니던가

만들 때는 시집 권당 2~3천 원이
단가 계산이다
헌데 버릴 때는 돈을 얹어 줘야
수거해갈 만큼 천한 것이 된다

딴엔 아깝고 소중히 했던
내가 포태했다 분만한
분신들이 아니던가
독하게 맘먹고 버리기로 한다

무심한 리어카 아저씨는
리어카를 적정량 이상으로 채우고도
욕심이다마는
유심으로 버릴밖에 없는 마음은 아깝다

철들면서 무심했던 것들이
자꾸 유심으로 바뀐다
마음도 철이 드는가 보다
유심이 철듦의 나잇값인가 싶다

묘지의 노래

전화, 올 데도 없지만
할 데도 없다
종일 침묵으로 입 봉하는 소이다

늙고 병들면 병든 새도 앉지 않는다던가
옛분들 말씀에 그름이 없구나
성한 가지 두고 병든 가지 앉을 리가 없음이다

고독이란 우리들의 마음속에서 죽어버린 것들이
사는 무덤이라 했던가
고독은 죽음과 같다 했던가

침묵은 고독 속에서 잠듦이고
잠은 죽음이고
잠이 무덤이 되는 소이다

종일 앉아서 무덤을 지키는
무덤지기가 됐다
침묵이란 백비가 세워진 묘지에서

무심과 유심

침묵과 침묵 사이로 꾸정한 날씨가
우거지상 못 면한 채 지나가고
우거지상 닮은 하루가 뒤를 이어 지나간다

보낼 일도 맞을 일도 없는데
어쩌자고 가는 것에 유심일까
한 번 가곤 다시 오지 못함의 유감일 듯싶다

가는 것 있으면 오는 것 있기 마련
가느니 겨울인 듯싶고 오느니 봄일 듯
가도 그만 와도 그만 그러려니 싶어 무심해진다

겨울 간다고 신명 날 일 없고
봄 온다고 신명 날 일 또한 없으니
무심함이 당연한 일

무심할 수 있는 게 허무나 성숙의식 아닐지
유심으로 허무 벗어날 수 없고
성숙 정지된 지 오래인데 유심 소용될 일 없을 듯

무악재 · 1

알맞게 숨이 차는 곳에서
쉬어 넘는 맛이 있어야
고개다운 고개다

무악재 고개
고개 정상엔 돌 의자가 둘 놓여 있으나
쉬어가는 과객 보지 못했다

옛날엔 호랑이도 나타났다고 하나
오늘날엔
석유 먹은 갑충들만 눈에 쌍불 켜고 지나간다

여름 되면 고개 양켠엔
능소화가 기다림이란 꽃말로 피어
기다림이 되어준다

이별이 없는 고개, 이별이 없었으니
기다림인들 있겠으며 없었으니
무별리(無別離) 고개로 개명함이 어떨지

고개에 서서 멀리 북을 향하면
통일로가 되지만 어디선가
길목이 막혀버린 먼 길

꽃이라도 피면 구실 삼아 앞에 하고
쉬어감직 하지만
한 철이 지난 후일 듯싶어 홀로 걸어 넘는다

무악재 · 2

이별이 없는 고개
무악재
소이로 무별리(無別離) 고개로
명명했다

고개 정상에서
그녀를 보냈다
그녀는 걸어서 독립문 전철역을 향해
등을 보이며 걸어갔다

지하철 입구까지 걸어가는 시간은
불과 5~6분
그녀는 역 가까이에서 손을 흔들고는
지하계단을 밟고 사라졌다

마주 흔드는 내 손은 손수건이 되어
가슴으로 흘리는 눈물을 닦아주었다
이날로부터 무별리 고개 무악재는
이별의 고개가 되었다

고개 양켠으로 도열해 선
기다림이 꽃말인 능소화는
머지않아 그리움으로 피어
기다림이 될 것이다

무위 즉 인위의 스승됨이다

무위의 질서나 법도는
인위에서 멀어질수록 완벽하다
달리 인위의 법칙이나 질서는
무위에 가까울수록 완벽하다

완벽의 철리란 게
무위와는 가깝고
인위와는 멀어야
완벽에 이른다는 상반의 균형이다

인위가 멀수록 가까워지는
무위
인위가 거부될수록 가까워지는
무위는

무위가 질서의 원리요 순리요
법칙이자
이치라는 등식이다
완벽은 이 등식에서만 가능하다

무위로써 인위를 넘어서는 근본
근본의 비롯이 무위됨의 원리요
우주의 근원이 무위에서 비롯됐음이다
이를 일깨워줌이 무위 즉 인위의 스승됨이다

문망(蚊网) 전쟁

열대야의 거대한 기류에 편승
한 점 미물로 태어나
세상에서 가장 작은 소리로
가장 큰 외침이 되는 모기의 선전포고

빼앗기느냐, 빼앗기지 않느냐
한 방울 피를 두고 벌이는 전쟁
비록 미물의 미성(微聲)이지만
당당한 외침으로 공격해 오는 선전 신호

복면의 자객이 아닌
등 뒤에서 가격하는 폭력이 아닌
야음을 틈타 공격하는 비겁성 없지 않지만
스스로의 정체를 알리며 걸어오는 정면 승부수

엥 외마디 공격신호에
거대한 어둠이 일어서서
한 방울 피를 두고 벌이는 심야의 전쟁
빼앗기느냐? 빼앗기지 않느냐의 한판 승부

꿈을 잡아먹다 잠을 깬
모기장에 갇혀 몸을 피하던 거대한
짐승 한 마리와 미물 문망(蚊蝱)과의 싸움
문망주우란 말 허사 아니었던 소이를 알 것 같다

물음과 답

물음에는 답이 있기 마련
답할 수 있는 즐거움관 달리
답할 수 없는 외로움도 있다

행복을 물었는데
불행에 업혀 사는 것이 행복이라면
답이 되겠는가

행복이란 불행의 등에 업혀
사육되는 영아다
따지자면 불행이 행복을 키운다는 이치다

정답이 있는 것은 공식 뿐이다
공식은 만들어진 것이고
소이로 답 또한 만들어질 뿐이다

묻지도 답하지도 말라
묻고 싶거든 자연에서 배우고
답도 자연에서 구하라

내 문답 놀이가 이러하다
물음과 답을 넘어선 곳에서 찾는 답
그런 답을 나는 좋아한다

?가 답

도덕적으로 완벽하고
양심에 부끄러움이 없고
인간에의 충실이면
성인군자는 못 돼도
인간다운 인간됨이 아닐까?

인간에의 충실은 무엇이고
어떻게 살아야 충실한 삶일까?
도리나 이치에 어긋남이 없고
사리를 분별할 줄 알면
인간다운 인간의 삶이 될까?

도리나 이치란 게 인간의 법도이고
사리란 게 지혜에 해당되지 않을까?
사람으로서 행해야 할 일 알아서 좇고
사리에 어긋남이 없는 정도행이면
인간다운 삶 좇고 실천함이 아닐까?

찍히느니????????
의문부 발자국 삼아 걸어온 삶이

인간의 길이 아닐까?
어떻게 살아야 인간다운 삶이고
어떤 길을 걸어야 정도가 될까?

? 지니고 좇고 살면 답도 지녔음 아닐지

바다

맛이 짜야 장맛비인데
되레 짠 바닷물을
싱겁게 희석시켜 버린

산계(山溪)가 토악질로 쏟아낸 토사물
둑 무너뜨려 방천에 흘러들어온 구정물
마다않고 죄다 받아먹고 바다가 돼버린

산에 갇히면 커다란 호반이 되었다가
산이 갇히면 산마다 커다란 섬이 되어버린
바다는 받아의 ㄷ받침이 물에 씻겨나가 버린 전성어

발치(拔齒) 유감

입은 화(禍)의 문이고
혀는 몸을 자르는 칼이라 했던가
허면 치는 화의 출입을 막는
상아로 된 창살이고
혀를 가두는 옥으로 된 칼집쯤이 아닐지

백옥으로 된 창살이면 뭘 하고
순금으로 된 간장막야(干將鏌鎁)의
칼집이면 또 뭘 하나
발치를 해 버렸으니
화의 출입문 열어 드나들게 한 것을

복 들어올 리 없으니
무망지복(毋望之福)은 언감생심
혹여 그런 복 있다손 쳐도 분수 밖
어지간히 씹어댔으면 입 다물라는 늦 철듦으로 알고
구시상인부(口是傷人斧) 떠올려 본다

배우고 깨우치며 산다

배움뿐이던가
깨달아 이치에 가 닿음도
닿아 터득하고 깨우침도
배움 아니던가

하늘의 이치라던가
자연의 순리나 법도라던가
살아가는 삶의 지혜라던가
다 배움 아니던가

책으로 배우고
배워 지식으로 지니고
지녀 앎으로 간직하기는
누구나 할 수 있는 범사

책 아닌 경험으로 터득하는 일
터득해 실천해 보는 일
실천해 행동으로 옮겨 보는 일이
어찌 범사라고만 하겠는가

부딪쳐 몸으로 익히는 일
익혀 살이 되고 피가 되는
생체험보다 더 확실한
배움이 또 있던가

인터넷이나 문명의 이기가 제공하는 지식으로
삶의 이치나 의미·가치를 터득할 수 있다면
그 또한 신지식이니
어찌 귀하고 소중하지 않겠는가

번역이나 통역을 할 뿐

전쟁이 있으면
휴전도 있기 마련
며칠째 비바람, 진눈깨비로
봄과 겨울이 육탄전까지 벌이더니
오늘은 봄 날씨도 겨울 날씨도 아닌
그 중간대의 꾸정한 날씨
봄과 겨울이 휴전에 들어간 모양이다

무위가 인위를 닮아가는지
인위가 무위를 닮아가는지는
알 수 없지만
알 수 있는 것은
무위의 법도나
인위의 법도가
다르지 않다는 것

하늘과 땅 사이에 있는 만물은
창조주의 작품이라니
같은 이치 같은 법도 적용하지 않았겠나
한 편의 시도 예외 아닐 듯

시가 무슨 대수라고
천지간의 것을 창조하겠나
고작해야 번역이나 통역을 할 뿐인 것을

법이란 게

법이란 게
죄를 다스리기 위해 싱긴 것 아니던가
자연에는 죄를 짓는 것이 없으니
법 또한 필요없지

재미있는 것은
법을 만들면 법에 구멍을 뚫어
죄를 심기 마련
법이 죄를 키운다는 이치도 되지

해서 하는 말
법이 많을수록 나라가 부패한다는
증거로 안 삼던가
틀린 말 아니거든

법은 깨지라고 만든다데
황금으로 주조해 만들어도
다이아몬드 도끼날을 세운 도둑이
깨뜨리기 마련인 소이가 그러하지

자연의 법도는 불문율이면서도
깨어지는 법이 없어
깨어지는 쪽은
법도를 좇지 않는 쪽 문명 차지여서

비위난정까지

시다운 시가 없다면
시시한 시뿐이라는 말
말대로 시 이름값 했네 시시

어떤 시가 시다운 시일까
피로 쓴 시? 시법대로 쓴 시?
아니면 시법대로 피로 쓴 시?

잉크에 물 타 쓴 시대에
피로 썼으면 시다운 시일 터
피로 쓰지 않은 시대의 시이니 시시할밖에

시비(詩碑)란 것도 매한가지
돌에 시만 새기면 시비일까
돌에 시인의 피가 돌아야 살아있는 시비지

시인만 있고 시가 없는 시대
시가 없는 게 아니라, 시를 볼 줄 모르는 시대
읽지 않으니 읽지 않고 어찌 시를 알겠는가

시다운 시가 없다는 말 빈말 아닌 것이
지하철 도배한 시들 보면 시시하다 못해 역겨워
역겹다 못해 비위난정까지

비타민 A, B, C가

세계적 인물들 일테면
소크라테스, 플라톤, 헤라클레스 등은
모두 우울증 환자들이었다데
그래선가 우울증 환자들이
재담을 잘한다는 아리스토텔레스 말은

재담을 할 줄도 즐겨하지 않으니
이치로 치면 나는 우울증 환자가 아니란 뜻
헌데 지적 결핍 때마다
비타민처럼 복용하는
소크라테스, 플라톤, 헤라클레스

이치대로 치면
우울증 환자가 되고 싶다는 등식 아니던가
환자가 되어 지적 결핍을 보충하고 싶다는 뜻
비타민 A, B, C가
소크라테스, 플라톤, 헤라클레스여서

빛

반짝
일순으로 어둠을 삼켜
영원이 되어버린
별

반짝 반짝
일순으로 빛을 토해
영원이 되어버린
빛

반짝 반짝 반짝
일순과 영원, 빛과 어둠을
폈다 접었다
삼켰다 토했다 되풀이하는 경성

※ 경성(景星) : 상서로운 별이란 뜻의 사기(史記)의 말.

사는 일

산다는 것은
주어진 하루하루와 동행한다는 말과
다르지 않다

다른 것은
삶과의 동행이 아니라
삶다운 삶을 추구한다는 점이다

무엇이 삶다운 삶이고
어떤 삶을 추구해야
삶다운 삶일까

따로이 답은 없다
살기에 따라 삶의 의미를 부여하기에 따라
삶 속에 각기 달리 답을 지니고 있기 때문이다
삶에 대한 답이 하나가 되려면
삶이 공식일 때만 가능하다
헌데 삶은 공식을 초월한다

왜 사느냐면 웃지요도 답이요

죽지 못해 산다도 답이다
그런가 하면 살아봐야 안다도 답이다

이를 한마디로 할 수 있는 답은 없다
각기 달리 살아감이 삶이요
각자도생으로 각기 삶을 달리하기 때문이다

삶으로 삶에 답하기
삶으로 삶을 보여주기로 삶을 볼 수는 있지만
답으론 보여줄 수 없는 것이 삶이다

삶을 배운다 · 1

자동기술식 온도계가 발명된 이후
최고의 혹서는 1922년 9월 13일
멕시코 포트시 산 루이스에서 기록된
섭씨 58도다

온도계의 눈금 30도만 넘어서도
땡볕더위니 불볕더위니 찜통더위니 엄살에
만국여재홍로중(萬國如在紅爐中)이니
심지어 연옥(煉獄)이니 해싼다

지상의 나무란 나무 죄다 잎 부채 삼아 부쳐대도
되레 열기만 부풀려줄 뿐 속수무책
다행히 문명의 이기 에어컨이란 게 있어
이마의 땀 식혀주지만 일시적 해열뿐이다

자연의 법도인 더위를 거역할 수 없는 일
순리대로 좇아 이겨낸 더위만이 실한 열매
가을로 익어 땀의 간기를 감미로 맛볼 수 있는
가을다운 가을을 맞게 된다

한 방울의 땀은 한 알의 열매와 다르지 않고
이마를 빠개는 더위를 견뎌 이겨냈을 때만
실한 결실로 가을의 풍요를 안겨주지 않던가
땀과 결실의 진리를 땀방울 지혜 삼아 삶을 배운다

삶을 배운다 · 2

수확의 기쁨은 그 흘린 땀에
정비례 한다는 말 허사 아닐 듯
허리 구부려 심는 봄의 파종이
가을을 심듯
흘린 땀의 결실만이 수확할 수 있어서

이파리에 맺힌 아침이슬이
순도 120%의 순수 무위의 다이아몬드라면
이마에 흐르는 땀방울은 순도 120%의
피의 순수만이 맺힐 수 있는
다이아몬드일 듯싶어서

알알이 이마를 깨고 드러낸 석류알이
보석보다 귀한 무위의 결실이듯이
땀은 이마로 숙성 발효시켜 여과시킨
순수의 결정체 삶만이 빛깔할 수 있는
피의 다른 빛깔인 것을

흘릴수록 귀함이 되고 되어
보석이나 다이아몬드에 값하는 땀

흘린 땀과 달리 흘리지 않음으로써
귀함에 값하는
부끄럼 없어 흘리지 않는 땀도
같은 귀함일 듯싶어서

삶이란 무엇인가?

가까이 살았던 외사촌 처제로부터
어떻게 사느냐고 전화가 왔다
어떻게 살겠다고 생각해본 적 없고
생각해 봤자 생각대로 되어준 적 없고 그럭저럭
살았으니 주어진 대로 살았을 뿐 답 없을 수밖에

"잘살고 있습니다" 했지만
어떻게 사는 것이 잘 사는 것이고
어떻게 사는 것이 잘못 사는 것인지
생각해본 적도 잘잘못으로 풀이해본 적도
없었으니 잘살고 있다고가 답일 듯싶어
그리했을 뿐이다

각자도생에 따라 삶 달리하고 살아가고 있으니
답도 각각 어찌 한마디로 답할 수 있겠는가
삶이란 답을 위한 것도 아니고
답으로 설명될 수 있는 것도 아니고
설명할 만큼 신명난 것도 아니니
그럭저럭 얼버무릴밖에
살면서도 답할 수 없는

미지생(未知生)이 삶
답 대신 되묻고 싶은 것이 삶이어서
물음으로 답을 대신해 본다
삶이란 무엇인가?
뭣인지 모르고 사니 모른다가 답일 듯싶은데

삶이란 ?표 답이 없는

산다는 것은 무엇이고
어떻게 살아야 사는 것인가
답이 있어 답대로 살 수 있다면 좋으련만
답이 없으니 각자도생(各自圖生)

답은 없고 물음만이 있는 삶
답이 없으니 삶 자체가 답일 수밖에 없는
어떻게 살아야 답이 될까?
사는 것이 중요한 것이 아니고 바로 사는 것이
중요한 문제라 했던가
어떻게 사는 삶이 바로 사는 삶인가?

우리들의 삶은 삶의 한복판에 있으며
죽음에 둘러 싸여져 있다고도 하고
죽음의 모험은 삶 속에 있으며 그것이 없으면
삶은 삶이 되지 않는다고도 안 했던가
우리들의 현재의 삶은 죽음이며 육체는
우리들에게 있어 무덤이라고 하지 않았던가

삶과 죽음

미지생언지사(未知生焉知死)
공자도 알 수 없는 것이 삶과 죽음이라 안 했던가
어쩌면 삶이란 ?표, 답도 없는

새로 TV를 설치했다

아내와 사별한 지 2년 1개월 만에
TV를 설치했다
무료한 시간을 줄여보자는 계산이었는데
와, 채널이 2백여 개나 될 듯싶었다
즐겨 보는 프로는 YTN과 세상 돌아가는 뉴스
그 외 덤으로 설치된 프로는 관심밖이다

젠체하는 상판대기들 보고싶지 않지만
자식들 배려 고맙게 여기면서
골라보기로 해본다
첫눈에 띄는 게 24번 YTN
신통치 않아 꺼버렸다
손에 익어 좋은 프로가 벗이되어 주었으면 싶다

하루에 한 프로씩만 봐도
3개월은 너끈히 시청할 수 있을 듯
우자일득이라 안 했던가
바보상자에서도
현명한 지혜 배울 수 있으면
그 또한 바보상자 값함 아니던가

생이란?

생에 대해 아는 건 공자의 미지생(未知生)과
어느 시인의 웃지요 밖에 모른다

답이 아니면서 더 답다운 알지 못한다나
웃음으로 표정할 수밖에 없었던 생

그 이상을 알고자 한다면
분수 밖의 일이고 주제 넘는 일이다

더러 죽지 못해 살지요나 죽을 맛이란 미각적
생체험의 토로가 설득력으로 작용하기도 했지만

알고 듣고 토로를 통해 알고 있는 삶이란 게
고작 이 정도니 아무것도 모름과 다름없음이다

생 즉 ?
? 즉 생
내가 아는 생의 등식이 이러하다

생즉 ?

삶이란 물음이다
답이 아닌 물음이 삶이다

어떻게 사느냐?
어떻게 살아야 하느냐?

한마디로 답할 수 없는 것은
답으로 말하는 공식의 거부거나 초월이기 때문

형이하적 삶을 살면서
형이상적 삶을 추구하는

육체적 삶과 정신적 삶이
각각 삶의 양식을 달리하는

어쩌면 삶이란
죽음 속에서 삶을

삶 속에서 죽음을 건져올리는
삶과 죽음의 초월일 수도

공자도 미지(未知)라 했던 생
기지(旣知)로는 답할 수 없는

생즉 ?
답 아닌 물음이다

설날

가정, 가족
피로 건네는 따뜻한 체온이 있다
혈통으로 이어지는 따뜻함이다

정겨움 또한 그만한 말이 없다
가정, 가족하면
품으로 감싸는 보금자리요 뿌리의 근원지다

설날은 뿌리를 찾아 보금자리로
귀향하는 날
삶과 사랑과 정이 삼위일체를 이루는 날이다

떡국을 나누며 살아온 날과 살아갈 날을 소환
거칠고 험한 세상일지라도
공동으로 내일을 여는 가정은 무풍지대다

가족애는 삶의 근본이고 본질이고 사랑으로
방출하는 에너지의 원천
가정은 에너지의 발전소이며 설은 충전일이다

가정을 만복의 근원이라 했던가
모든 복의 본적지라 함이니
행복의 보급소요 분배소가 된다

설날은 이를 확인하고 다짐하고
실천을 약속하는 묵시적인 날이기도 하다
가정이란 공동체로, 가족이란 실천인으로

스승이 없는 시대인 것을

평생을 제자를 길러왔다고 생각했는데
황금연휴에도 전화를 해온 제자가 없다
제자 교육을 잘못했음이거나
내가 덕이 없음이거나 둘 다일 듯싶다

덕을 기리거나 은혜를 떠올리는
정신적 여유를 지니지 못하는 물신시대
덕이니 은혜니 정신덕목을 기대한다는 게
잘못된 생각이란 걸 미처 몰랐다

잘못된 것도 탓할 일도 아닐 듯싶다
각박한 세상을 살다 보니
정신적 여유를 잃어버렸음인 것을
누굴 탓하겠으며 탓은 해서 뭘 하겠는가

마음으로 기린 스승됨에 미치지 못했거나
베풀지 못했으니 바랄 것도 없는 것을
부덕으로 알고 접을 줄도 알아야
분수 밖의 것 바람이 부질없는 짓인 것을

한 통의 전화를 기다렸던 못난 스승 됨이
부끄러울 뿐이다
더 부끄러운 것은 잊고 사는 제자들과는 달리
잊지 않고 사는 스승 됨 스승이 없는 시대인 것을

시(詩)를 위해

시를 너무 많이 쓴다고?
안 쓰는 것보다는 낫지
시를 너무 쉽게 쓴다고?
어려워 이해 못하는 것보다는 낫지

어렵게 쓰나 쉽게 쓰나
시인은 최선을 다해 쓴다
일테면 최선을 다해
거짓말을 한 셈이다

속아주면 좋고 속지 않아도 좋고
세상에 참말이 몇 마디나 있던가
더구나 참말보다 더 참말인 시
참말로는 줄 수 없는 감동을 거짓말로 주는 시

그런 시가 어디 그리 흔턴가
참말은 참말밖에 안 되지만
거짓말은 참말로는 할 수 없는 말을 하는
해서 거짓말일수록 참말보다 값진

참말만 하고 살기도 힘들지만
참말보다 더하기 어려운 거짓말
시인의 진술인 허위의 진술이 그러하지 않던가
시를 위한 위대한 거짓말이 그래

시비(詩碑)

무슨 말을 새겨
피를 돌게 하랴
돌의 생애를 살아있게 하랴

이마에 피가 도는 돌이면
잉크에 물타 쓴 혼이 없는 시가 아닌
혼이 살아있는 피로 썼음 아니던가

살아있는 송장, 혼이 없는 고깃덩이들
이 육덕(肉德)의 물신시대에
살아 피가 도는 시비 몇 개나 될까

쓸쓸한 날의 하오

구정 연후 마지막 날 하오
실덕했음인지 축하는커녕 안부전화도 없다

덕을 쌓긴커녕 실덕을 했으니
찾는 이나 있겠으며 안부인들 물어오겠는가
조용하기보다는 적막하다

어지간히 외로움에 익숙해지고
길들여졌는데도 허전하다
덕불고필유린 공자의 말씀이지만
덕을 베풀지 못한 처지로선 구두선이다

독거신세가 이웃 있단들 무엇하겠는가마는
덕불고(德不孤)가 아닌 덕필고(德必孤)에
필유린(必有隣) 아닌 필무린(必無隣)이니
덕 지니고 지녀 베풂의 큼을 알 것 같다

축제 끝난 파장같이
연휴 마지막 날 하오가 쓸쓸하다
쓸쓸함에 업혀가는 허무가 노을로 진다

영원한 불간지서(不刊之書)

삼한사온이란 게 온난의
날짜 풀이인 줄 알았더니
봄, 겨울의 기싸움이었던 것을
자연의 해석이란 이리 너그러워서
넉넉한 품 아니던가

경칩 지났는데도 영하권이면
개구리들 화 겨우내 머금었던
먹물 토해 낼밖에
"아직 봄 안됐냐? 왜 이리 춥냐?"
개굴 개굴 개굴

자연의 번역이란 게 이래
개구리 울음도 통역하기에 따라 달라질 수도
자연이 스승이요 자연에서 배움이
이러하지 않던가
이리 해석해도 틀리지 않고, 저리 통역해도 맞고

하늘이 이치이듯
자연 또한 이치

둘 다 이치이니 일치됨 아니던가
이치로 일치됨을 배우거니
자연은 하늘이 쓴 영원한 불간지서

※ 불간지서(不刊之書) : 영원 불명한 명저서.

우계(雨季)

장맛비 짜다
이마의 소금기를 씻어주기 때문
장맛비 달다
시원하게 더위를 식혀주기 때문
장맛비 축축하다
가슴의 우계를 적셔주기 때문

우계엔 쑥쑥 자라는 것들이 많다
쑥대밭의 쑥대가 그러하고
매디가 굵게 자란 그리움이 그러하다
뿐인가
우산으론 받을 수 없는 우수(雨愁)가 그러하고
우산 속에서도 젖어버린 우수(憂愁)가 그러하다

나는 우수의 계절 우계를 사랑한다
우리들이 쫓겨나지 않아도 되는
유일한 낙원은 그리움이다 안 했던가
우계가 있는 한 그리움이 있고
그리움이 있는 한
낙원이 있기 때문이다

음덕·양보의 불이(不二)

음덕(陰德) 있는 사람에게는
반드시 양보(陽報)가 있다 했던데
반드시까지는 몰라도 설득력 있는
음양의 조화가 이러할 듯싶어서

드러나지 않는 숨은 덕행이
보은으로 드러난다 함이니
선행도 덕행과 다르지 않을 터
인과응보와 같음은 아닐지

아름다움이 가려진다고 추해지지 않듯이
깨끗함이 가려진다고 더러워지지 않듯이
선이 가려진다고 악이 되지 않듯이
음덕이 양보 되는 이치도 이러하지 않을지

양보 없단들 음덕이 없어지겠는가
마음에 담은 선이 가져다주는 화평
안정·행복감 등이 양보에 값함일 듯싶어서
음덕·양보의 하나 됨의 미덕이 이러할 듯싶어서

이미 오래여서

욕망·분노·탐욕이
지옥의 3대 문이라데
수고롭게 지옥까지 끌려갈 게 뭐 있나
연옥에도 문 있어 차로 모셔가는 것을

지옥은 불바다 뜨거워서
어찌 견디려고
연옥엔 복당 있어
불 면하고 사는 것을

욕망의 분노시대
탐욕의 물신시대
거기다 비계덩이 육덕(肉德)시대까지
이리 궁합이 잘 맞는 시대 또 있었던가

욕망에 눈이 벌겋고
분노에 이글이글 타오르고
탐욕에 피둥피둥 살찐
육덕이 덕목시대

문을 세 개씩 열어 맞을 게 뭐 있나
큰 문 열어 한꺼번에 삼켜버리면 될걸
못난 것들은 가고 싶어도 문 근처에도 못 가
잘난 놈들 차지 된 지 이미 오래여서

이치에서 일치됨을 배운다

연일 봄과 겨울이
자리를 내놓지 않으려 방어하고
자리를 차지하려고 공격하는 걸 보면
자연이나 사람 사는 이치가 같을 듯싶어진다

하늘이 곧 이치라더니
계절의 영역싸움이나
인간의 밥그릇 싸움이 다르지 않을 듯싶어
이치가 둘이 아닌 일치임을 알게 한다

봄으로 가는 길목이 눈길에서
눈 녹은 진흙길이다
눈길, 진흙길 걷지 않고는 가 닿을 수 없음이니
이 또한 일치가 아니던가

가면 오고 오면 가는 질서이려니
무심했던 순환의 순리가
유심으로 바뀌면서 자연의 법도나 인간 이치가
해석에 따라 이치에서 일치됨을 배운다

일당을 챙기지 못한 날

절후상 입춘이면 봄이란 뜻인데
뜻과는 달리 진눈개비에 차가운 바람까지
막바지 겨울 심술이 장난이 아니다

두른 목도리에 오리털 돕바가
싫지 않은 걸 보면
겨울을 벗어 버리기엔 철이 아직 이른 모양이다

느슨하게 내렸던 자크를 다시 목까지 올려
바람막이한 목 언저리가 싫지 않은 대신
오싹 긴장으로 움츠린 한속기가 싫다

휴식의 의자였던 햇볕 없는 벤치의 차가움이 싫고
따뜻한 양지녘의 그리움에 돋아난 썰렁한
바람기가 일으킨 한냉기도 함께 싫다

바람에 먹살이라도 잡힌 듯 구실삼아 일어섰지만
고개 넘어 발걸음이 오늘따라 무거웁다
일당을 챙기지 못한 아쉬움까지 짊어진 때문인 듯

※ 일당 : 몇 컷의 시감 재단.

인(因)과 이치(理致)

우연과 필연은 두 극이다
극과 극은 통한다 했던가
두 극성 속에
연결되는 인(因)이
내재되어 있었음이다

인(因)은 잉(仍)과 통하고
연(緣)과 유(由)와
의(依)와도 통함이니
우연 뒤의 필연을 말함 아니던가
우연과 필연의 극과 극이 연결된 소이다

하늘의 이치나 자연의 이치도
다름이 아니니 서로 이어지고
얽히고 의지하고 있음이 된다
일원론의 동일성 원리와
다름 아님이다

천지창조가 하나의 질서로
이루어짐이고 서로 얽히고 잇대이고 의지함이니

인과 이치도 같음이다
창조의 원리라고 다르겠는가

자연의 법도

눈발이 하나둘씩 떨어질 적마다
피부에선 한속기가 하나둘씩 돋아난다
기온 하강으로 빗방울이 눈 되어 내리듯
오싹 떨림이 일으켜 세운
으스스한 한냉 반응이다

방법은 달라도 반응은
일종의 조화다
차가움을 따뜻함으로 완충하기도 하고
따뜻함으로 차가움을 포용하기도 하는
반응의 조화는 합일지향의 자연성이다

자연만이 합일시키기도 하고
해체하기도 하는 순응의 질서는
자연의 법도이고
순응과 조화의 합일이자
자연만이 이루어내는 동화(同化)다

차가움을 따뜻함으로
따뜻함을 차가움으로 순응하게 하는

조화의 법도는 자연의
친화력만이 해낼 수 있는 동인성의 원리이고
자연만이 합일시킬 수 있는 순응과 조화의 법도다

자연의 한 페이지인 공원

비둘기는 왜 구구구 하고
까치는 왜 깍깍 하고
참새는 왜 짹짹 하는지
분명한 건 말이나 노래거나 울음이나 일 텐데
통역할 재주가 없다

옛분들도
매미를 제녀(齊女)라 달리 부르면서
오덕으로 풀이했으나 근거는 알 수 없다
자연을 신이 쓴 책이라 안 했던가
신이 쓴 불간지서(不刊之書)를 어찌 풀인들 하겠는가

하물며 하늘을 이치라 한 이치며
자연의 근원을 인(因)이라 한 인을
미물들의 소리 하나 통역하지 못하면서
이치니 인의 높이나 깊이에
가 닿기를 바라겠는가

공원은 자연의 한 페이지

읽고 풀어도 알 수 없는 인이 내포하고 있는
연(緣) 유(由) 의(依)와 같은
근원을 어찌 풀 수 있겠으며
푼단들 답인들 있겠는가

창조주가 주신 대로 보여준 대로
보고 듣고 생각하며 좇아
궁극에 가 닿아 보는 일
어떤 페이지에 답이 있으며
있단들 있어 해독할 수나 있겠는가

장맛비

봄바람에 입혀오는 비는 동풍세우(東風細雨)
5월에 내리는 비는 격철우(隔轍雨)
알맞게 바람 동행해 오면 우순풍조(雨順風調)
비켜 부는 바람에 묻어오면 사풍세우(斜風細雨)
가물 적셔 내리면 구한감우(久旱甘雨)
폭풍에 몸 섞어오면 광풍대우(狂風大雨)
그런가 하면 인공으로 내리게 하면
인공강우(人工降雨)

달리 심술궂게 몹시 사납게 내리면 경분(傾盆)
시기에 알맞게 내리면 고우(膏雨) 감림(甘霖)
황사에 묻어오면 혈우(血雨)
비로 내리고도 젖지 않으면 화우(花雨)
황금으로 쏟아지고도 젖지 않으면 엽우(葉雨)
근심에 젖어 가슴에 내리면 우수(雨愁)
또 달리는 실비 · 보슬비 · 가랑비 · 뇌우
호랑이 장가가는 비도 있다

비마다 젖기에 따라 맛도, 느낌도
환기시키는 생각도 다르게 하는 비

그중에서도 장맛비는 짜야 하는데
축축하고 눅눅해 맛에 곰팡이가 슬었다

절창

그중 높은 소리와
그중 낮은 소리만이 절창의 득음
끌어올렸다 끌어내려
가락으로 감아내는

내면의 그중 깊이에서
뽑아 올려 높이의 극에 달하게 하고
그중 가장 낮음으로
들리지 않고도 들리게 하는
피를 토해냈을 때만 얻어낼 수 있는 내공의 득음

높이보다 낮음
낮음보다 높이에
자유자재로 가 닿게 하는
끝내는 소리 없이도 소리가 되어
울림이 되어 감기는

무성의 득음
그 득음만이 소리가 되고
소리를 넘어설 수 있는

소리하지 않고도 높이와 낮음으로 소리하는
소리의 마술 득음의 절창

절후 유감

절후란 게 건성으로 생긴 게 아니다
동장군도 소한·대한엔 왕처럼
외외탕탕(巍巍蕩蕩) 행차 즐겼지만
입춘·경칩·우수에 막혀
나아갈 길을 잃게 됐다

응달에 쪼그리고 앉아
패잔병 신세가 되거나
햇볕에 녹아 소멸되는
얼룩진 제 모습을 지켜보며
눈물을 흘릴 수밖에 없다

앞장서기를 좋아했던 바람도
길을 열어 선발대로 점령지에 입성했으나
세운 칼날 무뎌지자
펴지 못한 표정이 구겨진
체면과 함께 풀이 죽었다

동토마다 해토가 되고
되어 살아있는 흙의 생명력을 보여주듯

냄새가 향그럽다
무덤처럼 누렇게 변색된 잔디도
피가 도는지 파릇파릇 생기가 도는 기세다

우수 지나면 보낸 것보다
맞을 것이 더 많다
가슴엔 듯 지녀 체온으로 가꾸던
꽃씨 하나의 개화도 기대된다
새로운 절후를 맞으며 달력을 넘겨본다

존재란?

존재
실존
현존은
어떻게 다르고 어떻게 같은가

하이데커의 현존재의 본질은 실존
스피노자의 신 안의 존재
야스페레스의 고정되어 있는 현존재
사르트르의 필연적 존재

이중 어떤 것이 존재에 대한
답이고 의문인가
답이면 정답은 어떤 것이고
물음이면 또 어떤 것인가

모르면 묻기 마련이고
물음엔 답 있기 마련
헌데 어쩐다, 답 대신 '어떤'이
물음표를 대신하고 있어서

존재에도?
실존에도?
현존에도 ?란 꼬리표에 갇혀
?표로 둘러친 울타리 속 피투존재 같아서

진관사에서 · 1

수해(樹海)의 격랑에 밀려
정박한 곳이 명찰 진관사였다
고해의 부두 대웅전은 작았고
작을수록 역사의 깊이와 넓이와 길이가
큼을 말해주고 있었다

현대의 APT들이 역사가 짧을수록 웅대하고
비례해 길수록 초라함이 말해주듯
대웅전도 역사가 일천할수록
그 위용이 크고 거창하고
길수록 작고 초라함과 비례함이 그러했다

작은 것으로 큰 것을 깨우쳐 주신
진관사 대웅전
큰 부처님의 말씀으로
귀동냥하고 합장하며 돌아섰다
고해를 저어온 정박의 부두 진관사를 뒤로하고

진관사에서 · 2

세사에 얽매어 산 연고로
잊고 지냈던 진관사
오랜만에 찾았더니 산계 마르고
향 대신 자동차 석유내가 역겨웠다

목탁소리 들렸으나 훔쳐갈
산계가 뛰어내리지 않아 신명을 잃은 듯했고
어딘지 썰렁한 분위기가 옛 명찰의
덕성을 재현하지 못한 듯했다

울창했던 숲 가뭄 탓일까 그늘 내주지 않았고
배치된 나무 벤치는 그늘 밖 땡볕에 노출돼 있어
발걸음을 돌리게 했다
불성을 상실한 악목불음이 소이 같았다

마음에 산 하나 절 하나 지니고 살았더니
산도 절도 예대로 의구한데
풍기는 선미(禪味) 맛보기도 느끼기도 어려웠다
쫓기듯 귀로의 발걸음만 헛발질인 듯 무거웠다

진관사에서 · 3

진관사 한옥마을 숲길엔
수령 200년이 넘는 거수들이
허리에 세월을 감아 두르고 세월로 서 있고
한옥들은 전통을 앞세우며
현대의 뒤안길에 고풍하게 들어서 있었다

사람 사는 냄새가 없었고
APT와 같은 친근감이나 인근감이 없어
겉만 전통이란 미명으로 포장된 채
현대에도 외면된 뒷골목의
고전으로 마을하고 있었다

진관사도 옛 선미(禪味)나
정취를 느낄 수 없었고
다가서기보다는 객관적 거리에서
과거와 현대의 중간대쯤에서 가까이도
멀리도 아닌 어중간에 위치하고 있었다

세월 탓일까
늙은 탓일까, 탓 있을 법한데

딱히 떠오르지 않았고
한 자락 허무같은 것이 비단자락으로
허리에 감기며 끌어당겨 뒷걸음질 치게 했다

짐승의 시대가 되어버린 소이

정신이 추방돼 버린 시대
물질의 가치에 쓸데없이 되어버린
정신 퇴화의 물신시대

정신 덕목
사도(師道) 운운하면 정신없는 소리거나
정신 차리지 못하고 사는 넋두리 일밖에
사도(私道), 사도(邪道) 시대에 사도(師道)라니

이리 세상이 뒤바뀔 줄이야
사도(士道), 사도(四道), 사도(斯道)
정신 덕목의 도는 어디 가고 물신의 도만 남았다니
육덕(肉德)의 물신시대 탓만 하겠는가

물신적 가치에 밀려 퇴화돼 버린 정신
정신을 혼의 공기라 했던가
마실 공기가 없으니 숨 쉰단들 가사(假死)
못 면해 사경을 헤맬밖에

살아있는 것이라곤 저 육덕(肉德)의

비곗덩이들
스승이란 허울을 걸친 정신의 사치일 뿐
스승 아닌 짐승의 시대가 되어버린 소이가 이러한 것을

초하 공원 소묘 · 1

수해(樹海)의 깊이는
산이 강안에서 위로 높이를 척도한 것과는 반대로
산정에서 아래로 깊이가 척도된다
이 별난 배리(背理)가 자연의 법도이니
순리의 좇음이다

순리에는 불편이 없다
순리 좇고 따르면 그것이 곧 법도
무위의 순환질서나 인(因)으로 얽어진
자연의 질서에 답함이고
답함이 곧 무위의 법도를 좇음이 된다

깊이 중의 깊이 수해의 그중 깊은 곳에
빠져 있을 때가 그중 안전지대다
익사도 수장도 난파나 침몰도 없는 수해
일엽편주나 삿대 없이도
도강할 수 있는 소이다

소이와 소이가 까닭 아닌
얽어지고 이어지고 의지되는 순리를 좇음이니

인(因)으로 잇대이고 연(緣) 되어
엮어지고 의(依)함으로 하나가 되는
소이다

수심 중의 수심의 그중 깊은 곳
그 깊이 없이 어찌 높인들 척도 되겠는가
깊이로 높이를, 높이로 깊이를 재는
높낮이의 배리가 곧 순리
무위의 눈금엔 순리 외의 눈금은 따로 없음이다

초하 공원 소묘 · 2

한운야학(閑雲野鶴)이면 어떻고
한운산작(閑雲山鵲)이면 또 어떠랴

팔베개로 하늘바라기 하면 어떻고
등벽 망천이면 또 어떠랴

100년 거수 아니라도
살찐 그늘로 덕석 깔아주면 선목유음

벗하며 쉬는 한때의 바람 벗해
식히는 땡볕 열기

수해 깊이 어디쯤에서
그중 높이로 밀어 올리는 생명의 분출

수해째 끌어올려 건병수(乾病水)가 된 공원이
왈칵왈칵 먹은 더위를 토해냈다

북녘 선물 오물 풍선과는 달리
더위먹은 갈증들이 꿀꺽꿀꺽 토사물을 감음한다

풍료법(風療法)

30도를 넘는 열독에 감염됐는지
수림들의 잎새들은 잎새마다 입이 되어
먹물을 토해냈다

토해낼수록 수해는 푸르름의 파랑을
일으켜 세웠고 수심은 깊이를 더해 갔다
깊이 중 깊은 곳에 젖지 않는 수궁(水宮)이 있었다

궁정 뜰엔 나리꽃이 만발해 있었고
열독을 치유하려는 궁인들이
풍료법(風療法)을 즐기고 있었다

바람엔 마약기처럼 해독제가 들어있었는지
열독의 치료에 특효약으로 알려졌고
무위의 약국에만 있는 무료 처방전이 있다

독립공원은 독이 창궐한 수국(水國)
수국은 열독환자 치유소였다
온몸에 바람만 끼얹고도 완쾌되는
풍료법은 무위의 전매특허품이었다

피가 도는 탑
−「수필시대」 100호에 붙여

지령 100호
호마다 석층이 되어 살아 숨 쉬는
돌의 생애를 받들고 서 있는

잡석을 쌓아올려 놓고
키재기를 자랑하는 돌무더기 시대
피가 도는 돌만이 쌓아 올릴 수 있는 탑「수필시대」

탑두엔
천년만년이 가도 지워지지 않을
살아 숨 쉬는 숨결로 생명하는 탑이라 새겨진

살아있는 혼만이 돌의 생애를 읽고 갈 수 있는
읽고 가 백 층 석탑의 살아있는 혼을
「수필시대」라 전하리라

탓에의 도전인 삶이고 싶다

무탈이면 됐지
신명까지 바라서야
무료한 나날의 지리함이 권태롭다

주일인 데도 사무실에 처박혀 칩거라니
이리 무기력할 수가
마치 일상으로부터의 피투처럼

삶이란 무엇일까
어떻게 살아야 삶다운 삶일까
물음에 답할 수 없는 삶

그런 삶도 삶이라 할 수 있고
삶일 수 있을까
삶의 의미로부터도 내어던져진

무탈하면 된 게 아니라
무능한 삶에 탓 있을 수 없었음인 것을
탓이라도 있어 탓에의 도전인 삶이고 싶다

하오의 공원에서 · 1

근육질의 거수들이
파랑과 파랑으로 똘똘 뭉친
거대한 파도 하나씩을
받들고 서 있다

파도와 파도 사이론
수해의 깊이가 넘나들었으나
범람하는 파도는 없었고 수해(樹海)로
수해(水害)를 입었다는 신고도 없었다

파도의 깊이와 높이와 넓이가 더할수록
바다의 조건충족을 갖추어 갔으나
인왕봉 안산이
노도를 조절해 조용했다

산호가 열매를 맺는다면
저러할까
익기 시작한 앵두들이 빨갛게
익어가고 있었다

발동선 삼아 고속버스 한 대가 들어왔고
풀어놓은 학생들은 게망태가 열린 듯
흩어져 깔깔대며 버큼을 토해냈다

등나무 그늘에서
배낭족 아낙들의 수다가 버큼을 더했고
저물녘 햇볕에 발효돼 부글부글 끓었다

하오의 공원에서 · 2

거수들이 팔을 벌려
잎잎마다 파랑으로 일으켜 세웠으나
뿌리로 덫을 내려 목선들은 끄떡도 하지 않았다

파랑과 파랑이 꼬리를 물고
겹치며 범람했으나
도심에선 익사했다는 사고 소식도, 수해(樹海)로
수해(水害)를 입었다는 소식은 없었다

공원은 도심의 작은 포구
뱃고동 소리 울리지 않았고
드나드는 연락선도 없었다

출항이 없었음이고 입항 또한 없었음이니
포구엔 정박 중인 배가 없었음이었고
없으니 떠날 이유 또한 없었음이다

안산 능선을 수평선 삼아 낙일이 귀로 서두르고
하루가 끝나는 곳쯤에 까마귀가 물고 온
먹물이 발자국으로 찍혔다

하일 공원 소묘

유월 들어 수해(樹海)는
한 자쯤 더 짙은 절정이었다
거수(巨樹)들의 키가 자란만큼
수해는 깊이를 더했기 때문이었다

높이로 깊이를 더하는 어중간에
도시는 가라앉았으나
수해(樹海)로
수해(水害)를 끼치진 않았다

수해의 가장자리 어디쯤인가에
부두가 자리하고 있었고
고해를 노 저어온 삿대로 정박한
도강자가 있었다

거수의 높이와 수해의 깊이는
반비례
수해(水海)의 범람으로
수해(水害)는 비례했으나 사고 소식은 없었다

행·불행이 보인다

창밖을 내다보고 있으면
지나가는 발걸음에
행복이 동행하고 있는지
발길에 차여 도망치고 있는지가 보인다

등허리 굽고 느린 발걸음엔
발길에 차여 도망가는 행복이
힘차게 내딛는 곧은 행보엔
동행하고 있는 행복이 보인다

지팡이에 의지해 걸어가고 있는
고통스런 발걸음엔 동행하고 있는 불행이
엄마와 손잡고 집으로 향하고 있는 발걸음엔
따라가는 행복이 보인다

행·불행으로 척도되고 계량되는 발걸음
창밖을 내다보고 있으면
걸어가는 발걸음이 동행하고 있는지
발길질하고 있는지 행·불행이 보인다

현역이라 할 수 있을지

젊었을 적 신문기자 시절 때도 가져보지 못했던
출입처를 망구에 세 곳이나 가지고 있다

첫째는 홍제동에서는 제일 싸구려 식당
맛은 최고인 골목집 하루도 빠짐이 없는 단골손님

두 번째는 대형병원 신촌 세브란스 총무처
하루도 결근 없이 드나드는 개근상감 출입처다

끝으로 세 번째는 서대문 독립공원
내 지정석이 있을 만큼 쉼터 겸 휴식처다

이 세 곳 출입처를 다람쥐 쳇바퀴 돌 듯
하루도 거름 없이 돌고 또 돈다

할 일 있어 삶에 충실하고 마다않고 충실하면
폐품 망구 면한 현역이라 할 수 있을지

호접란

꽃이 나비인지
나비가 꽃인지
서로 다르면서 같음이 되고
같으면서 다름인
호접란

같고 다름을 넘어선 곳
다르고 같음을 넘어선 곳
그 어디쯤에서 영원에 이르는
무위만이 하나가 될 수 있는
호접란

순도 120%의 순수만이
둘이면서 하나가 되고
하나이면서 둘이 되는
경계를 넘어선 곳에서만 영원이 되는
호접란

홍제천 나들이

홍제천 변
인도와 자전거 길을 겸한 길 양켠
한켠엔 꽃대궁이 꺾이거나 넘어진 사이로
철 이른 코스모스가 드문드문 피어있고
다른 한켠엔 늦장미가 피고 있는지 지고 있는지
꽃구실을 못하고 있다

개천 바닥엔 준설 맛을 본지 오래인 듯
얕은 수심에 집풀 더미가 섬을 이뤄
수로를 방해하고 있다
옛날엔 마포 포구에서 바닷물이 드나들었다는
자랑이라도 하려는 듯 갈대가 무성한 섬엔
왜가리 두 마리가 섬을 지키고 있다

수심이 얕아 먹이가 없는 탓인지
청둥오리 떼 가족 날아왔다 되돌아갔다
고향 삼아 터주대감 행세를 하던
오리 가족도 드문드문 행방을 알 수 없다
일진의 남녀 하이킹 족이 자전거 길을 질주하고
보폭은 좁아졌지만 내 행보도 전과 같았다

홍제천 소묘

내 바닥엔 마포 포구에서 밀어 올렸던
장강의 옛 영화라도 재현하고 싶었는지
무성한 갈대숲이 내의 물줄기를 막아
간신히 빠져나가고
수로들은 들킬세라 숨어 흐르는 듯했다

부화한지 몇 주나 됐는지
한 오리 가족은 일곱 마리, 또 한 가족은 다섯 마리
나머지 한 가족은 여덟 마리 새끼들이
어미를 따라 개천 상류로 거슬러 오르고 있었다
귀엽고 평화롭기가 정겨운 한 폭의 그림이었다

천변엔 상류가 상전(桑田)이었음을
말해주려 함인지 뽕나무들이 도열해 서 있고
검붉은 오디들이 계절을 숙성시키고 있었다
현충일 휴일 탓인지 계천엔 인파가 많았고
귀로의 무거운 발걸음관 달리 가슴은 삽상했다

잡사음집(雜思吟集)·2

2024년 8월 15일 인쇄
2024년 8월 25일 발행

지은이 / 박진환
발행인 / 박진환
펴낸곳 / 조선문학사
등록번호 / 1-2733
주소 / 03730 서울 서대문구 통일로 389(홍제동)
대표전화 / 02-730-2255
팩스 / 02-723-9373
E-mail / chosunmh2@daum.net

ISBN 979-11-6354-286-5

정가 10,000원

* 인지는 저자와 합의 하에 생략
* 잘못된 책은 서점에서 교환해 드립니다.